DISCOVRS
SVR LES PRINCIPES DE LA CHIROMANCE.

Par le S^r DE LA CHAMBRE, Conseiller du Roy en ses Conseils, & son Medecin ordinaire.

A PARIS,
Chez P. ROCOLET, Impr. & Lib. ordin. du Roy, Au Palais, aux Armes du Roy & de la Ville.

M. DC. LIII.
Auec Priuilege du Roy.

ADVIS AV LECTEVR.

L'OVVRAGE que je te donne, n'est pas comme tu pourrois penser, vn Dessein que j'aye formé à plaisir, où que la seule curiosité d'vn de mes Amis m'ait fait entreprendre : Outre le soin que j'ay eu de le contenter, j'ay voulu satisfaire à l'obligation que j'ay contractée auec le public ; Et j'ay creu que d'vne *mesme chose je pouuois faire vn present & payer vne debte. S'il t'en souuient,* LECTEVR, *je me suis engagé il y a long temps à mettre au jour* L'ART DE CONNOISTRE LES HOMMES; *j'en ay desia publié quelques Traitez;* ET *comme debiteur de bonne foy, ne pouuant tout payer comptant, je tasche de m'acquiter peu à peu selon qu'il me vient quelque fonds entre les mains. Celui-cy est sans doute affecté à cette grande debte, puisqu'il fait partie des* DISCOVRS PRELIMINAIRES *qui seruent d'Introduction à toute la Science. Car comme ell' est composée de diuerses Pieces, & que la Metoposcopie*

& la Chiromance n'en sont pas les moins considerables ; Cét Ouurage en examine les principes ; & fait voir à mon aduis, par des raisons solides & par des obseruations tirées de la Medecine, qu'ils sont mieux establis qu'on n'a creu jusques à present. Il y a de l'apparence que la recherche d'une chose si cachée, où Cardan, Apponensis, Achillinus, Patricius, & tant d'autres grands Esprits ont trauaillé auec si peu de succez, te donnera la curiosité de sçauoir comment j'y auray reüssy. Je dois mesme esperer que si je ne te satisfais pas entierement : la difficulté de l'entreprise, & le courage que j'ay eu de la ten-

ter, me feront meriter enuers toy quelque approbation ou quelque excuse. Aussi me faut-il l'vne ou l'autre si tu desires que je te donne les autres Traitez qui doiuent faire auec celui-cy l'entrée & le frontispice de cét Art merueilleux que je t'ay promis; sinon, tu m'exempteras de la peine que j'auray à les acheuer; & toy, de l'ennuy que tu aurois à les lire.

EXTRAICT DV PRIVILEGE DV ROY.

LE ROY par ses Lettres patentes données à Paris le 9. Février l'an de grace 1653. signées DE MONCEAVX, & scellées du grand sceau : A permis au Sieur DE LA CHAMBRE *Conseiller en ses Conseils, & son Medecin ordinaire*, d'Imprimer, faire Imprimer en tel volume & caractere qu'il luy plaira, par tel Imprimeur ou Libraire qu'il voudra choisir, vn Liure par luy composé, Intitulé *Discours sur les Principes de la Chiromance*. Et deffences sont faites à toutes personnes de quelque qualité & condition qu'elles puissent estre; d'Imprimer, vendre & debiter ledit Liure pendant le temps & espace de douze ans, à commencer du jour & datte des presentes : Comme aussi d'en extraire quelques pieces particulieres soubz quelque condition que ce soit, sans le consentement dudit sieur DE LA CHAMBRE, soubz les peines portées par lesdites Lettres; Et sa Majesté entend, que mettant vn bref Extraict dudit Priuilege, à la fin ou commencement dudit Liure, foy y soit adjoustée comme aux Originaux.

Acheué d'Imprimer le 19. Féurier 1653.

Les Exemplaires ont esté fournis.

Ledit sieur DE LA CHAMBRE a consenty & accorde que P. ROCOLET, Impr. & Lib. ordin. du Roy, vende & debite ledit Liure, suiuant l'accord fait entr'eux.

A MONSIEVR BEIOT DOCTEVR EN MEDECINE.

MONSIEVR,

Quand vous me ſollicitez de mettre par écrit l'entretien que nous auons eu enſemble touchant la Chiromance, &

que vous tâchez à me persuader que le public ne doit pas estre priué des raisonnemens que vous m'auez entendu faire sur ce sujet; Ie me souuiens de la priere que les amis de Socrate luy firent autrefois de se faire peindre, & de la confusion qu'il en eut, apres auoir satisfait à leur desir: Car auant cela on ne s'auisoit presque pas des deffauts que la Nature auoit mis sur son visage, & on ne commença à les reconnoistre & à s'en moquer qu'apres qu'ils furent representez sur la toile. La mesme chose m'arriuera sans doute, quand ie mettray sur le papier les discours dont vous m'asſeurez que le recit vous a pleu ; Ils n'auront plus pour vous la grace de la nouueauté qu'ils auoient alors ; Ils ne ſeront plus accompagnez du plaiſir de la promenade & de la conuerſation qui les rendoit agreables ; Et paroiſſant deuant les yeux, dont le iugement eſt bien plus ſeuere que celuy des oreilles, ils n'auront aucun deffaut qui ne ſe faſſe remarquer, & qui ne me charge de la honte & du regret de vous auoir obey. Que ſera-ce donc quand i'auray d'autres Iuges que vous qui eſtes mon amy, & qui auez de la curioſité pour ces ſortes de ſciences ? & quand ie trouueray dans le public tous les esprits preocupez de cette opinion que ce sont des connoissances vaines, & dont tous les principes & toutes les promesses sont imaginaires ? Nonobstant tous ces perils où vous m'engagez, ie veux bien satisfaire à ce que vous desirez de moy, & remettre à vn examen plus serieux les choses que ie ne vous ay dites que par diuertissement : Car apres cette seconde épreuue que vous en allez faire si vous les iugez de bon alloy, ie ne doute point qu'elles ne puissent & qu'elles ne doiuent entrer dans le commerce des Lettres. Et certainement s'il y a quelque chose de raisonnable dans les coniectures que i'ay euës, & si du moins elles peuuent faire naistre le soupçon d'vne verité qui a esté ignorée iusques à present, il est iuste d'en donner aduis au public, afin d'exciter ceux qui trauaillent à la recherche des merueilles que Dieu a cachées dans l'homme, à faire vne plus ample découuerte de celle-cy, & y adiouster leurs obseruations, qui pourront acheuer ce que ie n'auray fait que commencer. Car quelque basse & vile que soit la Chiromance, la Philosophie y peut trouuer des sujets qui ne seront pas indignes de ses plus hautes & plus nobles meditations; Elle ne dédaigne pas de descendre iusques aux Arts les plus obscurs pour les éclairer; & semblable à la lumiere du Soleil qui se mesle auec les choses impures sans se corrompre & en tire des vapeurs qu'elle esleue iusques aux plus hautes regions de l'air; elle s'abaisse sans blesser sa dignité iusques aux moindres effets de l'art & de la nature & en tire des connoissances qu'elle peut mettre au rang de ses speculations les plus sublimes. Et sans doute quoy que ie ne sois pas de ceux par qui elle puisse executer de si grands desseins;

Ie penſe pourtant auoir rencontré quelque choſe qui n'eſt pas indigne de ſes ſoings; & qui ne doit pas ſeulement contenter la curioſité de ceux qui ayment la Chiromance, mais qui peut encore ſeruir à l'vſage de la Medecine. Car ſi ie puis bien eſtablir ce principe, QVE CHAQVE PARTIE NOBLE A VN CERTAIN ENDROIT DE LA MAIN QVI LVY EST AFFECTÉ, ET AVEC LEQVEL ELLE A VNE LIAISON ET VNE SYMPATHIE PARTICVLIERE : Outre que ce ſera vn grand preiugé pour la diſpoſition des Planettes que cette ſcience a placées aux meſmes lieux, &

dont elle a fait le principal fondement de toutes ses regles : On en tirera encore de fortes presomptions, pour iuger que la bonne ou mauuaise disposition des principes de la vie se peut connoistre dans la Main ; & qu'entre les autres parties du corps il y a comme en celle-cy des rapports & des sympathies qui ne dépendent point de la distribution des vaisseaux, ny de la structure qu'elles ont, mais d'vn secret consentement qui les lie & les associe ensemble. Ce qui ne sera pas vn petit secret pour l'ouuerture des veines, & pour l'application des remedes en certains

certains endroits, comme nous dirons cy-apres.

C'eſt donc à l'eſtabliſſement de ce grand Principe que ie pretends m'occuper icy. Car de deſcendre iuſques aux regles particulieres de cette ſcience & d'en donner les raiſons, comme vous m'auez entendu faire de quelques-vnes; outre que ce ſeroit offencer la ſeuerité de la Philoſophie; que de l'amuſer à des choſes qui ſont pour la pluſpart fauſſes ou incertaines, n'eſtant point verifiées par de iuſtes obſeruations; ce ſeroit trop flater l'aueuglement de ceux qui leur donnent plus de creance qu'elles ne meritent ; & abuſer meſme du temps que nos occupations nous demandent.

Mais afin que vous ne vous plaigniez pas de ce retrãchement, i'adiouſteray aux diſcours dont ie vous ay entretenu, les raiſons qui m'ont fait entrer en ſoupçon qu'il y auoit quelque verité dans la Chiromance, & qu'elle pouuoit auoir des fondemens plus aſſeurez que pluſieurs ne s'imaginent. Et ie ne doute point qu'elles ne faſſent le meſme effet dans l'eſprit de tous ceux qui les voudront conſiderer ſans preoccupation, puis que les choſes meſmes qui deuroient la rendre ſuſpecte, & rebuter ceux qui s'y voudroient occuper, ſont celles qui peuuent l'authoriſer & faire naiſtre l'enuie d'en auoir la connoiſſance.

En effet comme le premier & principal fondement de la Chiromance eſt la diſpoſition des Planettes qu'elle a diuerſement placées dans la main: car elle a mis Iupiter au premier doigt que l'on nomme INDEX, Saturne au ſecond, le Soleil au troiſieſme, Mercure au quatrieſme, Venus au poulce, Mars aux creux de la main, & la Lune dans ſa partie inferieure. Ce fondement diſ-je qui renuerſe l'ordre naturel des Planettes,

& qui par consequent semble estre plustost vn effet du caprice des premiers Inuenteurs de cette science, que d'aucune raison qu'ils ayent euë pour les ranger de la sorte; bien loing de la pouuoir par là rendre suspecte de fausseté, est à mon aduis vne des choses qui donne les premiers soupçons de la verité qui s'y trouue. Car il faut que l'esprit humain qui est si amoureux de la proportion & qui par tout où il la peut faire couler, ne manque iamais d'en orner & d'en enrichir ses imaginations, ne l'ait pas oubliée icy sans sujet, & qu'il ait esté forcé par la verité des experiences que l'on a faites, de changer l'ordre des Planettes qu'il a conserué si exactement dans la Metoposcopie & dans mille autres rencontres où il a eu la liberté d'en faire l'application. Et sans doute si c'estoit vne pure imagination, il eut esté plus facile & plus raisonnable de mettre Saturne au premier doigt, Iupiter au second, Mars au troisiesme, le Soleil au quatriesme, & suiure ainsi le rang que ces Estoiles gardent entr'elles, que de les transposer comme on a fait. Ou s'il eust fallu le changer, il semble qu'il eust esté plus à propos de faire gouuerner le plus grand doigt par le plus grand astre, ou de luy donner celuy qui est le plus mobile, que le troisiesme qui est le moins agissant. De sorte qu'il y a grande apparence qu'vne si extraordinaire disposition des Planetes n'est pas vn ouurage de la phantaisie de ceux qui ont les premiers trauaillé à cette science, mais de la necessité qu'ils ont euë de suiure les raisons & les experiences qui leur marquoient cette verité.

Mais l'obseruation qu'Aristote a rapportée dans son histoire des animaux augmente bien ce premier soupçon. Car dans cét ouurage incomparable où l'on peut dire que la nature s'eſt découuerte & s'eſt expliquée elle-meſme, il aſſeure que dans la Main il y a des lignes qui ſelon qu'elles ſont longues ou courtes, marquent la longueur ou la briefueté de la vie. Et comme c'eſt là vne des premieres regles de la Chiromance, il eſt à croire qu'elle ne luy eſtoit pas inconnuë, & que cét admirable Eſprit n'euſt pas voulu faire entrer dans vne hiſtoire qui deuoit eſtre vn des plus beaux portraits de la nature, vne choſe douteuſe & de la verité de laquelle il n'euſt pas eſté bien aſſeuré. Que ſi elle eſt certaine comme l'experience l'a depuis confirmée, il n'y a point de personne raisonnable qui ne iuge que la Main doit auoir vne liaison plus forte auec les principes de la vie que toutes les autres parties exterieures où ces marques ne se trouuent point; Que ces marques sont des effets qui doiuent faire connoistre la bonne ou mauuaise disposition des principes d'où ils procedent; Et qu'enfin il y a dans cette partie des merueilles qui ne sont pas encore bien connuës, & que si l'on en pouuoit acquerir la connoissance on y trouueroit peut-estre celle dont la Chiromance se vante.

Enfin

Enfin qui voudra prendre garde que les Lignes qui ſont dans la Main ſont differentes en tous les hommes ; qu'en vne meſme perſonne elles changent de temps en temps ; Et que toute cette diuerſité ne peut venir d'aucune cauſe interne ou externe qui nous ſoit connuë ; Il ſera contraint d'aduoüer que tous ces characteres ſont les effets de quelque ſecrete influence qui les imprime en cette partie ; Et que ne ſe faiſant rien en vain dans la Nature, ils ont leur vſage particulier & marquent à tout le moins l'alteration qui ſe fait dans les principes qui les produiſent. Car de vouloir rapporter ces impreſſions à l'Articulation & aux Mouuemens de la Main, comme quelques-vns ont fait, c'eſt vne choſe qui ne ſe peut ſouſtenir; puiſque les Articulations ſont égales en tous les hommes qui ont pourtant toutes leurs lignes inégales; Qu'il s'en trouue beaucoup où il n'y a aucune articulation, comme dans l'eſpace qui eſt entre les ioinctures des doigts; Que les enfans qui viennent de naiſtre & qui tous ont eu les mains fermées d'vne meſme ſorte ſans faire preſque aucun mouuemẽt, ont neantmoins beaucoup de lignes qui ſont differentes en chacun d'eux; Que ceux qui exercent vn mesme art & qui doiuent par consequent faire à peu prés les mesmes mouuemens, les ont neantmoins aussi diuerses que s'ils estoient de contraire profession ; Qu'en vne mesme personne elles changent, quoy qu'il n'y ait aucun changemét dans sa façon de faire ; Et qu'enfin dans le front où il n'y a aucune articulation, & que tous les hommes remuent d'vne mesme maniere, il se trouue encore de pareilles lignes qui ont la mesme diuersité que celles de la Main.

On peut encore adiouster à ces considerations l'antiquité de la Chiromance, qui doit auoir esté en vsage deuant Aristote, puis que ce qu'il dit des lignes de la main est vne de ses obseruations & de ses regles; l'employ qu'elle a donné à tant de sçauans hommes qui s'y sont occupez & qui l'ont mesmes honorée de leurs écrits; Et les iugemens admirables que l'on a faits selon ses maximes. Car c'est vne chose qui va iusques à l'estonnement que de 45. personnes que Cocles auoit preueu par elle deuoir mourir de mort violente, Cardan remarque qu'il n'en restoit que deux qui de son temps estoient encore en vie, à qui ce mal-heur ne fust arriué.

Mais pour en dire franchement la verité ce ne ſont là comme nous auons deſia marqué que de legers ſoupçons qui ne concluënt pas pour la certitude de cette ſcience. Car pour l'ordre des Planettes qu'elle a changé, cela fait bien preſumer qu'elle ne l'a pas fait ſans raiſon : mais la queſtion demeure touſiours indeciſe, à ſçauoir s'il eſt vray que ces Aſtres ayent quelque pouuoir ſur la Main & ſi chacun y a vn endroit particulier qui luy ſoit affecté. L'authorité d'Ariſtote peut auſſi eſtre conteſtée : Et toute cette diuerſité de lignes peut auoir d'autres cauſes & d'autres vſages que ceux que la Chiromance luy donne. D'ailleurs quelque anciẽne qu'elle puiſſe eſtre il y a de vieilles erreurs qui ont abuſé tous les ſiecles paſſez; & quoy qu'elle ait eſté cultiuée par de grands eſprits, il y en a eu de tout temps qui ſe ſont amuſez à des curioſitez auſſi vaines que peut eſtre celle-cy. Enfin tous les témoins & les exemples qu'on apporte pour la deffendre, ne doiuent pas auoir plus de poids ny plus de force que ceux dont ſe vante la Geomance, l'Onomancie, & autres ſortes de diuination qui ſont toutes imaginaires & ſuperſtitieuſes, & qui pourtant ne manquent pas de protecteurs ny de ſuccez dans les iugemens qu'elles font.

D'vn autre coſté toutes ces dernieres raiſons ne la condamnent pas tout à fait, & ne font autre choſe contr'elle ſinon qu'elles la rendent douteuſe, laiſſant l'eſprit dans l'incertitude de ce qu'il en doit croire & dans le deſir de s'en éclaircir.

Or le ſeul moyen pour arriuer là, c'eſt d'en examiner les Principes, & de voir s'il y a des raiſons qui les puiſſent ſouſtenir: Car s'il s'en trouue de certains & de bien eſtablis, il n'y a point à mon aduis, de perſonne raiſonnable qui ioignant les precedens ſoupçons auec la verité de ces Principes ; ne confesse que si la science qu'on a bastie dessus n'est pas encore bien asseurée, elle la peut deuenir par les diligentes & exactes obseruations qu'on y peut adiouster: Et que si elle ne peut promettre tout ce que l'Astrologie luy fait esperer par les Astres qu'elle a placez dans la Main; elle peut du moins iuger de la bonne ou mauuaise disposition des parties interieures qui ont sympathie auec elle, & donner par là de grandes ouuertures pour la conseruation de la santé & pour la guerison des maladies. Car quand elle seroit restrainte dans ces bornes

bornes & qu'elle ne se pourroit vanter d'autres choses, ce seroit tousiours vne science tres-considerable & qui par l'excellence de ses connoissances & par l'vtilité qu'elle peut apporter seroit digne de la curiosité des plus seueres Philosophes & de tous ceux qui s'appliquent à la recherche des merueilles de la nature.

Ce sont là les considerations que i'ay eues auant que de mettre à l'examen le Principe dont i'ay parlé cy-dessus, qui est à vray dire le principal fondement sur lequel la disposition des Planettes dans les diuers endroits de la Main est appuyée & presque l'vnique ſource d'où ſe tirent tous les iugemens que la Chiromance peut promettre.

La methode que i'y ay tenuë eſt de monſtrer.

1. *Qu'il y a des ſituations plus nobles les vnes que les autres.*
2. *Que les plus nobles ſituations ſont deſtinées pour les parties les plus excellentes & que l'excellence des parties ſe tire de l'vtilité qu'elles apportent.*
3. *Quelles vtilitez apportent les Mains.*
4. *Que la Main droite eſt plus noble que la gauche.*
5. *Que le mouuement commence au coſté droit.*
6. *Que les Mains ont vn plus*

grand partage de la chaleur naturelle.

7. *Que les Mains ont plus de communication auec les parties nobles.*

8. *Que les parties nobles enuoyent aux Mains de secretes vertus.*

9. *Que la nature ne cõfond point les vertus, & par consequent*

10. *Que les vertus des parties nobles ne sont pas receuës aux mesmes endroits de la Main.*

11. *Que le foye a sympathie auec le premier doigt.*

12. *Que le cœur a sympathie auec le troisiesme doigt.*

13. *Que la rate a sympathie auec le grand doigt.*

14. *Que toutes les parties inte-*

uance naturellement la largeur, & celle-cy la profondeur; Et en suite l'ordre de situation du Haut & du Bas est plus simple & premier que celuy du Droit & du Gauche, comme celuy-cy l'est à l'égard du Deuant & Derriere. De sorte que la Nature faisant tousiours ses progrez des choses les moins parfaites à celles qui le sont dauantage, il s'ensuit non seulement que la ligne & la longueur sont moins parfaites que le solide & la profondeur; Mais encore que la mesme diuersité se trouue dans les ordres de situation qui répondent à chacune d'elles: Et que par consequent celle

celle du Deuant & Derriere est la plus noble, que celle du Droit & du Gauche l'est apres, & que celle du Haut & du Bas l'est moins comme estant la premiere & la plus simple de toutes.

En effet nous voyons que toutes ces choses ont esté distribuées aux corps selon l'excellence qu'ils deuoient auoir. Car ceux qui sont viuans croissent premierement en longueur & en se perfectionnant ils acquierent la largeur & la profondeur : Les Plantes ont bien le Haut & le Bas, mais elles sont priuées du Droit & du Gauche, du Deuant & du Derriere. Il n'y a que les animaux qui possedent ces dernieres differences ; encore y en a-t'il qui ne les ont pas toutes, cela n'estant reserué que pour ceux qui ont les parties mieux distinguées & le mouuement plus regulier.

Ce n'est pas pourtant à dire que toutes ces sortes de Situation ne se puissent trouuer dans les corps purement naturels : mais elles y sont incertaines & estrangeres n'ayant aucun principe interne qui les arreste & les détermine ; & ce n'est que par rapport aux choses animées qu'elles s'y font remarquer. Car ce qui est le Haut & le Deuant d'vn pilier, en peut estre le Bas & le

Derriere, & celuy qui est à Droit peut estre mis à Gauche sans mesme changer de place. Mais il n'en va pas ainsi dans les choses viuantes & animées où toutes les differences de situation qu'ont leurs parties sont inuariables estant fixées & determinées par les vertus & par les operations de l'ame. Voila pour ce qui concerne les genres de Situation comparez entr'eux.

Mais qui voudra considerer les termes & les differences dont chacun est composé, trouuera encore qu'il y en a tousiours vne qui est plus noble que l'autre, parce que c'en est le principe & que le principe est plus excellent que ce qui en dépend. Car le Haut est le principe du Bas, le Droit l'est du Gauche, comme le Deuant l'est du Derriere.

En effet le Commencement est vne sorte de principe, & le commencement des trois principales operations de l'ame se fait en ces trois differences de situation. Car la Nutrition commence par le Haut, le Mouuement par le Droit & le Sens par le Deuant. Et de vray la Bouche qui est la premiere porte des alimens d'où ils sont apres distribuez par tout le Corps, fait le Haut dans tous les animaux, comme la Racine le fait dans les plantes;

d'où vient que la langue Latine appelle hautes, les racines qui sont profondes. Et l'on a dit que l'homme estoit vn arbre renuersé, non parce que ses cheueux qui ont quelque ressemblance auec les racines, sont en haut & celles-cy en bas; mais parce qu'il a sa bouche directement opposée à celle des arbres: car on ne peut douter que la Racine ne soit la bouche des plantes puis qu'elles prennent par là leur nourriture & que de là elle est portée à toutes leurs autres parties. Le sentiment commence aussi par le deuant, car hors le sens du toucher qui a deu estre répandu par toutes les parties de l'animal, tous les autres sens sont placez au deuant, parce que les sens deuoient conduire & regler le mouuement qui se fait toûjours en auant ; & qui commence par le costé droit comme nous monstrerōs cy-apres. D'où il s'ensuit que le Haut, le Droit & le Deuant sont les principes des autres & qu'ils sont par consequent plus nobles qu'eux.

Art. 2. *De la situatiō des parties excellentes.*

OR la Nature tient cette maxime qu'elle place les choses les plus excellentes dās les lieux qui sont les plus nobles, comme on peut voir dans l'ordre où elle a mis toutes les principales parties de l'Vniuers ; Et partant il faut que dans l'homme qui est le racourcy & l'abregé du monde, les parties ayent aussi vn rang conforme à leur dignité; Et que l'on puisse dire, non seulement que les plus excellentes sont dans la plus noble situation, mais encore que celles qui sont dans la plus noble situation sont les plus excellentes. Car il s'ensuit de là que les Mains qui sont au haut, sont plus excellentes que les pieds qui sont au bas, & la main qui est au costé droit que celle qui est au costé gauche. Mais comme l'Excellence des parties se tire de l'vtilité qu'elles apportent à l'animal, il faut voir pour le dessein que nous auons entrepris à quoy peuuent seruir les Mains, en quoy elles sont plus vtiles que les pieds, & quel vsage a la droite par dessus la gauche.

Art. 3. A quoy seruent les Mains.

PRemieremẽt il est certain que tous les animaux qui sõt cõposez de sãg & que pour cette raison on appelle parfaits, ont esté pourueus de quatre organes pour se mouuoir d'vn lieu à l'autre, lesquels répondent aux 4. premieres differences de situatiõ que nous venons de marquer, à sçauoir au haut & au bas, au droit & au gauche. Car il n'y a point

eu

eu d'inſtrumens qui répondent aux deux dernieres, à ſçauoir au derriere & au deuant, ne ſe trouuant aucun animal qui ſe meuue naturellement en arriere, & les autres organes pouuant ſatisfaire au mouuement qui ſe fait en auant comme l'experience fait voir. Cette verité paroiſt dans tous les genres des Animaux parfaits; veu que la pluſpart de ceux qui ſont terreſtres ont quatre pieds; les oyſeaux en ont deux auec deux aiſles; les poiſſons ont quatre nageoires; & les ſerpens font en rampant quatre plis differens. Et toutes ces parties leur ſont tellemēt neceſſaires pour le mouuement progressif qui leur est naturel, que s'il leur en manquoit quelqu'vne, ils ne le pourroient faire qu'auec peine. Car les oyseaux ne peuuent voler quand ils ont les iambes rompuës; ny les poissons nager quand ils ont perdu quelqu'vne de leurs nageoires; ny les serpens ramper si on leur a coupé les parties du corps qui font les derniers plis de leur mouuement. D'où il faut conclure que les Mains qui sont du rang de ces quatre instrumens qui sont destinés au mouuement progressif, seruent à celuy de l'homme & que s'il en estoit priué il ne feroit pas ce mouuement auec tant de facilité. En effet on ne peut courir qu'auec grande peine quand on a les mains liées, on ferme & ſerre les poings quand on veut ſauter, & dans le marcher ordinaire le bras ſe retire touſiours en arriere quand la iambe du meſme coſté s'auance. A quoy il faut adiouſter que dans l'enfance elles ſeruent de pieds; que lors qu'on eſt tombé on ne peut ſe releuer ſans elles; & que s'il faut monter ou deſcendre en des lieux difficiles elles ne ſont pas moins vtiles que les iambes. Qui ſont des des marques éuidentes que ces parties contribuent au Mouuemẽt progreſſif de l'homme.

Mais comme la Nature eſt vne grande ménagere des choſes qu'elle fait & qu'elle en tire tous les ſeruices qu'elle peut, elle ne s'eſt pas contentée de ce premier vſage qu'elle a donné aux mains; elle les a encore deſtinées à tant d'autres employs qu'il eſt preſque impoſſible de les marquer & d'en tenir compte. De ſorte qu'on a eſté contraint de les mettre en parallele auec l'Entendement & de dire que comme il eſtoit la forme des formes les ayant toutes en puiſſance, les Mains eſtoient auſſi l'inſtrument des inſtrumens ayant tout ſeul la vertu de tous les autres. Car c'eſt par elles que l'homme prend & retient les choses qui luy sont necessaires & agreables; c'est par elles qu'il se deffend & qu'il vient à bout de celles qui luy sont nuisibles & dommageables; ce sont enfin les principales ouurieres de tous les arts & les outils generaux dõt l'esprit se sert pour mettre au iour ses plus belles & plus vtiles inuentions. Et sans doute elles donnent vn si grand aduantage à l'Homme par dessus les autres animaux, que si l'on ne peut pas dire comme cét ancien Philosophe, qu'il est sage parce qu'il a des mains, on peut du moins asseurer qu'il paroist sage parce qu'il a des mains. Apres cela il ne faut pas s'eſtonner ſi elles ont eſté placées au haut bout comme au lieu le plus honorable & ſi la nature les a approchées autant qu'elle a peu du ſiege de la raiſon & des ſens auec leſquels elles ont tant de commerce & de liaiſon.

Art. 4.
Que la main droite eſt plus noble que la gauche.

MAis quoy qu'elle les ait miſes en meſme rang pour ce regard, elles ne luy ſont pas pourtant en meſme conſideration : Elle traite la DROITE comme l'aiſnée & comme celle qui eſt la premiere en dignité. Car ſi les choſes qui ſont les plus actiues ſont les plus excellentes & les plus considerables, il faut que la main Droite qui est plus forte & plus agile que la Gauche, soit aussi la plus excellente. Or elle a plus de force & d'agilité parce qu'elle a plus de chaleur qui est la source de ces qualitez-là : Et elle a plus de chaleur, non seulement parce qu'elle est du mesme costé que le ventricule droit du cœur où le sang est le plus chaud & le plus boüillant ; non seulement parce que le foye qui est la source du sang est plus proche d'elle ; non seulemẽt parce que les veines de toutes les parties droites sont plus amples cõme dit Hipocrate ; mais encore parce qu'elle est placée au

Arist. 3. de part.

costé droit où le mouuement doit tousiours commencer.

Car comme les esprits sont les principaux organes de toutes les actions du corps & que la Nature les enuoye plus abõdamment où elles doiuent estre les plus fortes & les plus penibles; Il ne faut pas douter que le mouuement deuant commencer au costé droit & tous les apprests qui luy sont necessaires & le principal effort qu'il demande se deuant faire en cét endroit; Il n'y ait vne plus grande quantité d'esprits qui y accourent, qui l'échauffent & qui le fortifient par la chaleur qu'ils portent auec eux & par les secretes influences

fluences des principes de la vie qu'ils luy communiquent. De là vient que les parties mesmes qui ne seruent de rien au Mouuement & qui sont de ce costé-là, se ressentent de cette force & de cette vigueur qui estoit destinée pour cette seule action. Car l'œil droit est plus fort & plus exact que le gauche, & la rectitude de la veuë qui se fait par tous les deux ensemble, dépend absolument de luy : Tous les organes qui seruent à la generation & qui sont de ce costé-là forment les masles, & ceux qui sont au gauche les femelles : Et generallement parlant les maladies attaquent plus ordinairement les parties gauches comme celles qui ont le moins de chaleur & qui sont par consequent les plus foibles.

Art. 5. *Que le mouuemẽt commence au costé droit.*

OR que le Mouuement commence naturellement au costé Droit, c'est vne verité qui ne peut estre contestée si l'on considere ce qui se passe dãs tous les Animaux. Car ceux qui sont à quatre pieds commencent tousiours à marcher par le pied droit de deuant ; Et les autres qui n'en ont que deux, leuent toûjours le droit le premier. On porte mieux les fardeaux sur l'épaule gauche que sur la droite

parce qu'il faut que le principe du mouuement soit libre
& débarassé : Et les Peintres
n'oublient iamais dans l'assie-
te qu'ils donnent à leurs figures de tenir la iambe gauche auancée comme on la
tient ordinairement quand
on est debout, dautant que
c'est la posture qui met la droite en estat de se mouuoir quād
on voudra marcher. Il se trouue mesme des animaux qui
n'ayant peu à cause de leur fi-
gure auoir les deux differences du Droit & du Gauche
comme les Pourpres & tous
les autres qui ont leur écaille
en forme de limaçō, n'ont pas
pourtant esté priuez de celle

du Droit; parce que se deuant mouuoir, il falloit qu'ils eussent le principe du Mouuement.

Toutes ces veritez estant donc ainsi establies à sçauoir qu'il y a des lieux & des endroits dans le corps qui sont plus ou moins nobles ; Que les plus nobles sont destinez pour y placer les parties les plus excellentes ; Que l'excellence des parties se tire de l'vtilité qu'elles apportent ; Et que par conséquent les Mains qui par les diuers seruices que elles rendent sont placées au haut comme au lieu le plus noble, doiuent estre plus excellentes que les pieds.

Il reste maintenant à monstrer qu'elles reçoiuent vn secours plus considerable des principes de la vie & que toutes les parties nobles leur communiquent quelque vertu plus grande qu'à quelqu'autre que ce soit.

Art. 6. *Que les Mains ont vn plus grand partage de la chaleur naturelle.*

A Ce dessein il faut premierement remarquer que la Nature a plus de soing des parties qui sont les plus excellentes ; qu'elle les forme ordinairemẽt les premieres; & qu'elle apporte plus d'art à les faire & plus de preuoyance pour les conseruer qu'elle ne fait aux autres. Cela paroist dans l'ordre qu'elle garde dans leur premiere conformation: Car apres le Cœur & le Cerueau qu'elle ébauche les premiers, les yeux qui sans difficulté sont les plus délicats & les plus nobles organes, paroissent auant toutes les autres parties, & mesmes auant qu'il y ait aucun vestige du foye, de la rate & des reims. La Bouche en tous les animaux est aussi vne des premieres formées apres les yeux; les organes du mouuement progressif se voyent en suite & puis on remarque le foye, la rate & les autres visceres; comme font foy les dernieres & les plus exactes obseruatiós de l'anatomie. D'ailleurs nous voyons que les parties hautes sont plustost acheuées & que les enfans les ont plus grandes & plus fortes que les basses ; d'où vient qu'ils ont tous la mesme proportion qui se trouue dans la taille des Nains, & qu'ils ne sçauroient marcher parce qu'ils ont les iambes trop courtes & trop foibles.

Or il est certain que tout le soing que la Nature prend des parties, soit en les formant les premieres, soit en auançant leur perfection, dépend de la chaleur naturelle qu'elle leur communique en plus grande abondance. Car c'est l'instrument general de toutes ses actions & le veritable ſujet où reſident toutes ſes facultez. De ſorte que s'il y a des parties qui ſoient formées les premieres, il faut qu'elles ayent eu les premieres portions de cette chaleur qui eſt touſiours plus pure & plus efficace dans ſa ſource : Et ſi elles ſe perfectionnent auant les autres, il faut que ce ſoit par vne application particuliere de cette qualité qui agit là plus fortement qu'en vn autre endroit ; & qui pour ce ſujet eſt inceſſamment ſecouruë par l'influence des Eſprits qui l'augmentent & la fortifient. D'où il s'enſuit que les Mains qui ſont formées auant tant d'autres

tres parties & qui se trouuent plustost parfaites & accomplies que les Pieds, ont eu aussi vn plus auantageux partage de la chaleur naturelle & vne plus ample distribution des esprits que celles-là n'ont euë.

MAIS si nous voulons considerer ces parties dans vn estat plus parfait & dans le temps qu'elles peuuent executer les principales fonctions où elles sont destinées ; il est certain que le Cœur le Foye & le Cerueau leur communiquẽt quelque vertu plus grande qu'ils ne font aux autres parties. Car outre les actions de la vie naturelle &

Art. 7. Que les mains ont plus de cõmunicatiõ auec les parties nobles.

sensitiue qui leur sont communes auec elles, le Mouuement progressif leur est particulierement reserué. De sorte que pour faire cette action où il y a plus de peine & où il faut plus de forces, elles ont besoin qu'il leur vienne vn plus grand secours & vne plus forte influence de la part de ces membres principaux qu'il n'en est necessaire aux autres actions de la vie, Ainsi il leur faut plus de sang, plus de chaleur & plus d'esprits. plus de sang pour rendre leur consistance plus ferme, plus de chaleur vitale pour leur inspirer plus de force, & plus d'esprits animaux pour leur porter outre le sentiment, la faculté motiue: Car sans ces conditions là ces organes sont inutiles & aucun mouuement ne se peut faire. En vn mot puis que les instrumens ne sont instrumens que par la vertu qu'ils tirent de la cause qui les employe, il faut que ces parties qui sont les instrumens du Mouuement, reçoiuent aussi des principes du Mouuement la vertu qui les fait agir; Et par consequent ils ont cette vertu de plus que les autres, ils ont de plus les esprits qui la leur portent, ils ont donc aussi plus de communication auec les parties nobles qui sont les sources de ces esprits & de cette vertu.

Ceste raison est à la verité cõmune aux Mains & aux Pieds à l'égard des autres parties; mais si l'on y adiouste l'auantage que la situation haute a par dessus la basse, l'excellence des parties qui y sont placées, & les soings particuliers que la Nature en prend, comme nous auons monstré; elle fera voir que dans cette distribution d'esprits & de vertu, les Mains ont esté les mieux partagées & par consequent que elles ont plus de communication auec les parties nobles que les Pieds ou quelqu'autre membre que ce soit.

MAIS outre cette communicatiõ qu'elles ont auec elles par le moyen des veines, des arteres & des nerfs, il y en a d'autres plus secretes qui ont des voyes & des passages plus obscurs & qui neātmoins découurent bien plus clairement la verité que nous cherchons. Car s'il est veritable que les lignes de la Main marquent la longueur & la briefueté de la vie selon qu'elles sont longues ou courtes, comme Aristote & l'experience nous l'apprennent ; Il faut non seulement qu'il y ait vn plus grand rapport & vne plus forte liaison des principes de

Art. 8. *Que les parties nobles enuoyēt aux mains de secretes vertus.*

la vie auec elle, qu'il n'y en a auec toutes les autres parties où ces marques ne se trouuent point : Mais encore il est necessaire que les parties nobles qui sont les sources où ces principes de vie sont renfermez, luy communiquent quelque secrete influence qui ne se puisse rapporter aux vertus ordinaires & manifestes qu'elle en reçoit ; puis que le sang ny les esprits, la chaleur ny le mouuement qu'elles luy distribuent, ne seruent de rien à rendre ses lignes longues ou courtes, ny à marquer la longueur ou la briefueté de la vie.

CETTE ſecrete ſympathie qui eſt entre la Main & les parties nobles eſtant donc preſuppoſée, en attendant que nous la prouuions plus amplement par des obſeruations plus iuſtes & plus particulieres : Il faut mettre pour vn principe certain, que la Nature ne confond point les vertus principalement les formelles & ſpecifiques qui ont tant ſoit peu d'oppoſition entr'elles, & qu'elle les ſepare touſiours autant qu'elle peut. Car ſans mettre en auant les maximes de l'Aſtrologie qui a diuiſé le Ciel en tant de Planetes & d'Eſtoiles, en tant de Signes & Art. 9. *Que la nature ne confond pas les vertus.*

de Maiſons differentes en vertu: Il n'y a aucun ordre de choſes dans l'Vniuers où ceſte verité ne ſe reconnoiſſe: Dans les Animaux parfaits les qualitez qui ſont neceſſaires à la generation ont eſté partagées aux deux ſexes; dans chacun d'eux les facultez qui gouuernent la vie ont chacune leur ſiege particulier; Et tous les ſens ont leur organe propre & leur fonction ſeparée. Qu'on examine les Plantes, les Mineraux & les Pierres on y trouuera la meſme diſtinction: Et ſans s'amuſer au détail qu'on en pourroit faire, il ſuffit de la remarquer dans l'Aymant où elle eſt ſi ſenſible qu'on n'en n'en peut douter ſans aueuglement & ſans ſtupidité. Car dans vn corps homogene, dont la compoſition eſt égale par tout & où il ſemble que toutes les parties deuroient auoir vne meſme puiſſance; Il ſe trouue neantmoins qu'il y en a quelques-vnes auſquelles les qualitez magnetiques ont eſté partagées, & qu'il y a deux pôles où elles ont eſté placées ſeparement. Et ſi ce que l'on pretend auoir obſerué depuis peu eſt veritable, qu'il y a vn Meridien fixe en cette pierre, il faut que tous les autres le ſoient auſſi & par conſequent ils ont chacun vne inclination differente;

Tant il eſt vray que la Nature ayme à ſeparer les vertus, tant elle en hait la confuſion & le meſlange. En effet ſi elle ne gardoit exactement cét ordre, les choſes ſe feroient ſouuent contre ſon deſſein, vne qualité en deſtruiroit vne autre, & les effets ne répondroient pas à leurs cauſes ny à la fin où ils ſont deſtinez.

Art. 10. *Que les vertus des parties nobles ne ſont pas placées aux meſmes endroits de la Main.*

SI céla eſt ainſi & s'il y a des vertus particulieres que les parties nobles communiquent à la Main, il faut qu'elles ne ſe confondent point enſemble, qu'elles ne ſoient pas placées en meſme endroit; Et partant il faut qu'il y ait vn lieu destiné pour celle du Foye, vn autre pour celle du Cœur & ainsi de toutes les autres.

Mais la grande difficulté est de sçauoir quels sont ces endroits & ces lieux particuliers où ces influences sont receuës. Car bien que la Chiromance nous asseure que le premier doigt a sympathie auec le Foye, le second auec la Rate, le troisiéme auec le Cœur &c. Elle n'apporte aucune preuue conuainquante de cette verité; Et quelques experiences qu'elle mette en auant pour la soustenir, elles laissent toûjours en doute ceux qui ne se veulent payer que de raisons;

& passent souuent dans leur esprit pour des phantaisies & des grotesques que la curiosité humaine s'est forgées. A la verité qui pourroit bien establir cette sympathie par des obseruations qui fussent faites dans vn autre ressort que celuy de la Chiromance, & que la Medecine ou quelqu'autre partie de la Physique eût fournies ; il se pourroit vanter d'auoir découuert le mystere de cette science, & d'auoir trouué l'vnique fondement sur lequel la verité de tous les autres est appuyée. Pour moy ie ne pretends pas apporter toutes celles qui seroient necessaires pour en faire la preuue entiere ; Ie croy neãtmoins en auoir quelques-vnes qui la peuuent commencer ; Et qui apres en auoir demonstré vne partie, laisseront vne presomption inuincible pour tout le reste, & l'esperance qu'on pourra l'acheuer apres auoir soigneusement obserué ce qui arriue à cét organe admirable.

Art. II. *Que le foye a sympathie auec le doigt* Index.

LA PREMIERE que nous deuons donc proposer, est pour monstrer le consentement & la sympathie que le FOYE a auec le premier doigt que l'on nomme INDEX. Elle est tirée de la Medecine qui nous apprend que la ladrerie a sa source & son siege principal dans le Foye ; & qu'vn des premiers signes qu'elle donne pour se faire connoistre, paroist à ce doigt-là. Car lors que tous les muscles de la Main & de tout le Corps mesme sont pleins & succulens, ceux qui seruent au mouuement de ce doigt se flestrissent & se desseichent ; principalement celuy qui est dans le Thenar c'est à dire, dans l'espace qui est entre luy & le poulce ; où tout ce qui est de charneux se consume & où il ne reste rien que la peau & les fibres qui sont applaties contre l'os. Or cela ne peut arriuer de la sorte qu'il n'y ait quelque analogie & quelque ſecret cõmerce entre le Foye & cette partie, puis que c'eſt vne des premieres qui reſſent l'alteration qui ſe fait dans ſa ſubſtance: Eſtant vray de dire qu'il n'y a point de maladie qui corrompe tant la nature du Foye & qui deſtruiſe non ſeulement ſa vertu mais ſa ſubſtance meſme, comme celle-cy, qui pour ce ſuiet eſt appellée le Cãcer vniuerſel du Foye & de la maſſe du ſang. Galien ſans doute ignoroit cette ſympathie que le raiſonnement tout ſeul ne ſçauroit découurir, quand pour en eſtre inſtruit il eut beſoin qu'elle luy fuſt reuelée en ſonge: Car il rapporte que s'eſtant trouué attaqué d'vne violente douleur qui luy faisoit craindre vn abçez dans le foye, il eut aduis en dormant de se faire ouurir l'artere qui coule le long de ce doigt, & que ce remede luy appaisa en vn moment la douleur qu'il auoit ressentie fort long-temps auparauant. Ce qui marque euidemment qu'il y a quelque communication particuliere entre ces deux parties & quelque amitié secrete qui les lie ensemble.

Art. 12. *Que le Cœur a sympathie auec le*

LA SECONDE obseruation est pour monstrer celle que le COEVR a aussi auec le troisiéme doigt que l'on appellé

Annulaire parce qu'on y porte ordinairement les anneaux. Car c'est vne chose merueilleuse, que lors que la goute tombe sur les mains, ce Doigt en est tousiours le dernier attaqué; Et Lemnius rapporte qu'en tous ceux qu'il a veus trauaillez de ce mal, le troisiéme Doigt de la main gauche s'est tousiours trouué libre, pendant que les autres estoient cruellement affligez d'inflammation & de douleur.

doigt annulaire.

Or comme les parties resistent plus ou moins aux maladies selon qu'elles ont plus ou moins de force, & que la force dépéd du plus ou du moins de chaleur naturelle qu'elles ont, il faut que ce Doigt en ait plus que les autres puis qu'il resiste dauantage au mal qu'elles ne font. Et parce que le partage de la chaleur naturelle vient, ou de la premiere conformation des parties, ou de l'influence que le principe de la chaleur leur communique; Et qu'il n'y a pas d'apparence que ce Doigt qui a la mesme structure & la mesme composition que les autres ait plus qu'eux de cette chaleur fixe & originelle qui se départ à la naissance; il s'ensuit que celle qu'il a, vient de l'influence que le principe de la chaleur luy enuoye plus abondamment qu'aux autres ; Et par consequent il a plus de communication, plus de dépendance & plus de liaison auec le Cœur qui sans contestation est le principe de cette chaleur, que n'ont tous les autres doigts ensemble.

Cette sympathie n'a pas esté ignorée de l'antiquité; Et l'histoire nous apprend que les anciens Medecins ont creu que ce Doigt auoit quelque vertu cordiale, s'en seruãt priuatiuement à tous les autres pour messer les medicamens qui entroient dans leurs potions & dans leurs antidotes; D'où vient qu'ils luy ont donné le nom de doigt Medical que la langue Latine luy conſerue encore; que c'eſt vne des raiſons pour laquelle on y a touſiours porté les anneaux; Et que pluſieurs y appliquent des remedes pour les foibleſſes du cœur, comme Leuinus dit en auoir ſouuent fait l'experiẽce & pour la gueriſon des fievres intermittentes, comme quelques-vns font encore auec heureux ſuccez. Auſſi y a-t'il long-temps qu'on s'eſt mis en peine de trouuer la cauſe de l'intelligence & du rapport qui eſt entre ces deux parties. Car les vns comme Appion dans Aule-gelle, ont dit qu'il y auoit vn nerf qui procedoit du cœur & aboutiſſoit à ce doigt; D'autres ont asseuré que c'estoit vne artere qui faisoit cette liaison; Et qu'on la sent manifestemét battre aux femmes qui accouchent, à ceux qui sont lassez du trauail & en toutes les maladies où le Cœur est attaqué. Mais quoy que cette derniere opinion soit la plus vray-semblable, elle n'oste pas tout a fait la difficulté, parce que les autres doigts ont chacun vne artere aussi bien que celuy-cy, laquelle vient du mesme rameau & de la mesme source que la sienne. Ioint qu'il n'est pas necessaire qu'il y ait des conduits manifestes pour porter ces vertus, la Nature comme dit Hippocrate se faisant des voyes & des chemins secrets pour faire non seulement passer ses facultez mais les humeurs mesmes qu'elle veut chasser.

Art. 13. *Que la Rate a sympathie auec le grand doigt.*

IE pourrois adiouster pour vne troisiéme Obseruation qui feroit voir la sympathie de la Rate auec le grand Doigt, les merueilleux effets que l'ouuerture de la saluatelle produit dans les maladies de la Rate. Car cette veine coulant ordinairemẽt entre le grand Doigt & le troisiéme comme dit Hippocrate, ou entre celuy-cy & le petit, enuoyant quelque rameau au grand Doigt; on peut tres-probablement croire que la vertu de la Rate se porte par cette veine à ce Doigt là, & que le troisiéme estant occupé par l'influence du Cœur il ne peut receuoir celle de la Rate, s'il est vray que les vertus ne se confondent point comme nous auons monstré. En effet quoy qu'en veuillent dire nos nouueaux Practiciens, l'experiẽce iointe à l'authorité des premiers maistres de l'art est plus forte que toutes les raisons qu'ils sçauroient apporter. Car outre qu'il est dangereux de vouloir soubmettre toutes les regles de la Medecine au raisonnement qui souuent est foible ou trompeur, & d'abandonner les sentimens des anciens qui qui ont esté plus iustes obseruateurs des choses que ceux qui sont venez apres eux ; ie puis dire auec verité qu'ayant fait faire plus de soixante fois l'ouuerture de cette veine dans les fiévres quartes ; elle n'a iamais manqué apres les preparations necessaires, ou de faire cesser la fiévre, ou d'en rendre les accez plus legers. Qu'ils n'aillent point raisonner sur la distribution ny sur la grãdeur des vaisseaux; comme vn mesme tronc a diuers rameaux qui n'ont pas vne mesme vertu, & qu'il y en a qui portent des fleurs ou des fruits & d'autres qui n'en ont point.

point. Aussi quoy que toutes les veines du Bras & de la Main viennent d'vn mesme tronc, elles n'ont pas les mesmes employs & ce ne sont que des canaux par lesquels diuerses facultez peuuent couler: De sorte que celle que la Rate enuoye, peut toute passer à la saluatelle sans se partager aux autres; tout de mesme que les parties se déchargẽt seulemẽt sur celles qui leur sont particulierement affectées, quoy qu'elles ayent connexiõ auec d'autres par leurs vaisseaux & par leur situation; d'où viennent les diuers transports des humeurs & les changemens que les maladies font d'vn lieu à l'autre comme nous dirons plus amplement cy-apres.

Quant à la grandeur des veines qui en rend les éuacuations plus vtiles que ne sont celles des petites, c'est vne chose veritable quand il est question de diminuer la plenitude vniuerselle du corps: Mais pour décharger quelque partie, souuent les plus petites pourueu qu'elles luy soient voisines & qu'elles ayent quelque secrete societé auec elle, le font plus seurement & plus efficacement que les grandes. Enfin puisque c'est vne opinion receuë de tout temps que l'ouuerture de cette veine est vtile aux maladies de la

Rate comme on peut voir dans les écrits d'Hippocrate, de Galien & de tous les Arabes; il n'eſt pas vray-ſemblable qu'elle ait eſté approuuée par de ſi grands eſprits & que elle ait ſurmonté tant de ſiecles pour venir iuſques à nous, ſans auoir eſté ſouſtenuë de l'experience, puiſque la raiſon ne pouuoit donner fondement à cette creance. Et ſi c'eſt par cette voye que ce remede a eſté connu, il ne faut point le mettre à l'examen des raiſons non plus que les facultez purgatiues ny toutes les autres vertus ſpecifiques dont la Medecine eſt toute pleine.

Pour reprendre le fil de la

preuue que nous auons laiſſée; Nous auons dit qu'il y auroit lieu d'employer cette obſeruation pour eſtablir la ſympathie de la Rate auec le ſecond Doigt : On y pourroit meſme adiouſter l'hiſtoire qu'Hippocrate rapporte au 4. des maladies popul. de cette femme dont les Hypochondres eſtoient ſi tendus & la reſpiration ſi empeſchée, à qui il ſuruint l'vnziéme iour vne fluxion & inflammation à ce meſme Doigt ; dont elle ſe trouua ſoulagée pour quelque temps ; quoy qu'apres la violẽce de la fievre & l'abſcés qui ſe forma dans les entrailles la firent mourir. Car on peut conicturer de là, qu'vne portion de l'humeur qui estoit dans la Rate se déchargeoit sur ce Doigt comme sur vne partie qui a liaison & consentement auec elle, & que cette petite décharge luy donna quelque soulagement ; mais que toute la cause du mal ne pouuant estre contenuë en vn si petit lieu, le reste causa l'abscés dont elle mourut. Neantmoins pour en parler franchement ce ne sont là que des coniectures que nous ne pouuons faire aller du pair auec les obseruations precedentes qui semblent demonstratiues de la verité que nous cherchons.

Art. 14. *Que toutes les autres parties interieures ont sympathie auec la Main.*

ET il seroit à souhaiter qu'on en eust de semblables pour monstrer distinctement le reste des sympathies que les autres parties interieurieures ont auec les autres endroits de la Main. Mais dans la negligence qu'on a euë de les chercher, il est toujours vray de dire, que puisque celles du Cœur & du Foye sont certaines & indubitables, il faut que les autres le soient aussi quoy qu'elles ne nous soient pas manifestes, Et que non seulement le Cerueau & les autres parties qui ont vne fonction publique & principale aussi bien que le Cœur &

le Foye, mais encore la Rate, l'Estomach, le Poulmon, les Roignons & peut estre quelqu'autre encore, ayent chacun dans la Main leur lieu propre & affecté auec lequel ils ont consentement & communication.

Art. 15. *Le visage est vn abregé de toutes les parties exterieures.*

DE sorte qu'on peut asseurer & pour preuue de cette intelligence secrete que les parties ont les vnes auec les autres & pour l'honneur de celle dont nous parlons; Que la Main & le visage contiennent en abregé toutes les parties du corps: Car celuy-cy est vn racourcy de tous les membres exterieurs, n'ayant aucune partie qui n'ait son rapport particulier & manifeste auec quelqu'vn d'eux ; comme celle-là l'eſt auſſi de toutes les parties interieures n'ayant aucun endroit qui n'ait ſa liaiſon & ſa ſympathie auec quelqu'vne d'elles. Et ſans doute c'eſt là vne des principales raiſons pour laquelle ils ont eu tous deux vne conſtitution de cuir toute particuliere, & que la peau qui par tout ailleurs eſt ſeparée des muſcles, y eſt tellement vnie qu'il eſt impoſſible de l'en ſeparer : La Nature qui a deſtiné ces parties pour eſtre comme les miroirs où ſe doiuent repreſenter toutes les autres ;

ayant

ayant voulu que la chair y fut iointe au cuir, afin que l'impression qu'elle reçoit des nerfs, des veines & des arteres qui y sont répanduës, se communiquast plus facilement & parust plus promptement au dehors. Ce qui se trouue aussi dans la plante des Pieds qui participent en quelque sorte aux mesmes aduantages qu'ont les Mains; & sur lesquels on a estably la Podomance qui promet les mesmes choses que la Chiromance, mais auec moins de succez pour les raisons que nous dirons.

Quoy qu'il en soit, c'est vne chose admirable & qu'à mon

aduis on ne considere pas assez, qu'il n'y a sur le visage aucune de ces marques naturelles que nous appellons communement SINGS, qu'il ne s'en trouue vne autre sur quelque partie du corps certaine & déterminée qui luy respond particulierement : Car s'il s'en rencontre vne sur le Front il y en aura vne autre sur la Poitrine, & selon que celle-là sera au milieu ou plus haut ou plus bas, d'vn costé ou d'autre, celle-cy trouuera les mesmes differences de situation. Si l'vne se void sur les Iouës, l'autre sera sur les cuisses; si aux sourcils l'autre se rencontrera sur les Espaules; si aux oreilles l'autre sera sur les bras & ainsi du reste. Or on ne peut pas dire que cette correspondance soit simplement dans ces marques puisqu'elles sont toutes formées d'vne mesme matiere & qu'elles ne peuuent par consequent auoir plus de rapport auec l'vne que auec l'autre: Mais il faut qu'elle soit dans les parties mesmes & que la societé qu'elles ont ensemble soit cause que l'vne ne puisse estre marquée, que sa correspondante ne souffre en mesme temps la mesme impression. Aussi voyons-nous outre le secret consentement qu'elles peuuent auoir ensemble, vn rapport sensible

& manifeste dans la situation & dans la structure qu'elles ont : Car la Poitrine qui est la partie du corps au dessous de la teste la plus ossuë & la plus plate, répond iustement au Front qui a les mesmes qualitez; les Cuisses qui sont a costé & qui sont fort charnuës, se rapportent aux Ioues qui sont de la mesme sorte ; le Sourcil à l'Epaule à cause de l'éminence où l'vn & l'autre se trouue; l'Oreille au Bras, estant tous deux auancez & comme hors d'œuure, & ainsi des autres.

Ce n'est pas pourtant à dire que cette ressemblance soit la veritable source de cette sympathie ; elle n'est pas assez iuste ny assez exacte pour produire des effets si semblables, Et il est necessaire qu'il y ait quelque lien plus secret qui lie ces parties les vnes auec les autres & qui soit la cause principale de cette merueilleuse harmonie qui se trouue entr'elles, dont ces characteres naturels sont les tesmoins irreprochables.

Art. 16. *Que toutes les parties ont sympathie les vnes auec les autres.*

MAIS ce n'est pas seulement entre les parties exterieures & manifestes que cette societé se trouue, il y en a vne autre plus generale qui a esté connuë d'Hippocrate & qui a serui de fondemẽt à cette ingenieuse diuision des veines qu'il a faite au liure des os, Car cét admirable eſprit ayant conſideré les diuers tranſports des humeurs, & les changemens des maladies qui ſe font ſi ſouuent de certaines parties aux autres, a marqué les veines par leſquelles ils ſe pouuoient faire & qu'il falloit ouurir pour y remedier. Et pour y garder vne methode qui en oſtaſt la confuſion, il a eſtably pluſieurs chefs & comme diuers articles où il a voulu commencer la diſtribution de ces vaiſſeaux; Car il a poſé le premier au Cœur, le ſecond aux Reins, le troiſiéme au Foye, le quatriéme aux yeux, & le cinquiéme à la Teſte, d'où il fait ſortir quatre paires de veines qui ſe répandent apres en diuers lieux.

CE n'eſt pas qu'il creuſt que ce fuſſent là les premieres ſources d'où les veines tirent leur origine, comme Ariſtote, Galien & preſque tous leurs Sectateurs luy ont imposé; puiſqu'il ſçauoit qu'elles ont toutes leur racine dans le Foye, d'où elles ſe diſtribuent à toutes les parties du Corps pour leur porter la nourriture; comme il fait voir en ſuite dans la diſtribution qu'il fait de la veine hepatique & qu'il a encore rapportée au 2. liure des maladies

Art. 17. *Que la diſtributiō des veines qu'Hippocrate a faite n'a point eſté entenduë.*

populaires: Mais c'estoit pour marquer le consentement qui est entre ces cinq parties & les autres, & les maladies & les symptomes qu'elles se communiquent mutuellement.

Ainsi quand il dit que l'œil gauche reçoit vne veine de l'œil droit, & celuy-cy vne du gauche, il ne faut pas prendre cela à la lettre, comme si veritablement ces veines prenoient leur origine en ces lieux-là: Mais c'est pour monstrer que les maladies d'vn œil se communiquent à l'autre, comme s'ils auoient des veines qui les leur portassent directement. C'est à la verité par le moyen des veines que cette commu-

communication se fait, & ces veines partent mesme de quelque rameau commun; mais il est si esloigné des yeux qu'on ne peut pas dire precisement qu'ils se donnent des veines l'vn à l'autre, si ce n'est en consideration de cette sympathie qu'ils ont ensemble. Et cela est si veritable que souuent mesme il ne considere point la continuité des veines dans la distribution qu'il en fait, puisqu'il monstre que la Teste & les Poulmons ont consentement auec la Rate, quoy que les veines de la Rate ne soient point vnies ny continuës auec celles de ces parties : parce qu'il suffit pour le consentement dont il parle, que ces veines ayent communication ensemble par quelque moyen que ce soit, comme nous dirons cy-apres.

Mais pour faire voir plus particulierement le secret & l'vtilité de cette admirable distribution, il en faut examiner quelques articles. Car quand il nous apprend que de ces quatre paires de veines qui sortent de la Teste, il y en a vne laquelle a deux rameaux qui partent des Temples & descendent dans les Poulmons dont l'vn passe du costé droit au gauche & va dans la Rate & dans les Reins; Et l'autre part du costé gauche, & va au

Foye & au Rein droit, & puis aboutiſſent tous deux aux veines Hæmorrhoïdales : Ne nous monſtre-t'il pas par là non ſeulement pourquoy l'ouuerture des Hemorrhoïdes ſert aux Nephritiques, & à ceux qui ont la Pleureſie & Peripneumonie ; mais encore pourquoy leur ſuppreſſion cauſe l'Hydropiſie & la Pthiſie. Car bien qu'il y ait d'autres lieux où il ſemble que le reflus du ſang qu'elles contiennent ſe pourroit faire, neantmoins le conſentement qu'elles ont auec le Foye & auec le Poulmon, eſt cauſe qu'il ne ſe fait point ailleurs. Et ſans doute ces rameaux qui en deſcendãt vont du costé droit au gauche & du gauche au droit, nous marquent la cause que l'on a tant cherchée inutilement, pourquoy les abscez qui se font de haut en bas, ne se trouuent pas tousiours du mesme costé où est la source de la maladie, mais tantost à droit & tantost à gauche; Quoy que ceux qui se font de bas en haut gardent tousiours la Rectitude de la partie où est le siege du mal: Car sans cette distribution de veines, il est impossible de rendre raison de tous ces accidens.

Sans elle on ne sçauroit point encore pourquoy la Poitrine & les parties Genitales ont entr'elles vne si grande correſpondance, que la toux ceſſe quand elles ſe tumefient; que leur enfleure ſe diſſipe quand la toux leur ſuruient; Et que meſmes les varices qui leur arriuent corrigent les deffauts qui rendent la voix greſle ou enroüée.

Enfin c'eſt l'vnique ſecret pour découurir les chemins que la Nature tient dans le tranſport des humeurs que elle fait d'vne partie à l'autre, & pour diſcerner les veines qu'il faut ouurir en chaque maladie. Car bien qu'elles ayent toutes vne meſme racine, quoy que pluſieurs ayent des rameaux communs qui leur deuroient distribuer également le sang & les humeurs qu'ils contiennent ; Neantmoins la correspondance & l'amitié qui est entre les parties , fait que la Nature les pousse plustost par vne veine que par l'autre, & que choisissant celle qui est la plus commode pour cela , elle laisse les autres qui luy sont proches & qui ont vne mesme origine.

Cela paroist éuidemment dans la sympathie dont nous auons apporté cy-deuant de si pressans exemples: Car vraysemblablement c'est par les veines & par les arteres que coule cette vertu ſecrete que le Cœur & le Foye communiquent à certains doigts ; Cependant toutes celles qui ſont dans la Main n'y ſont pas employées, & quoy qu'elles ſortent d'vn meſme rameau il n'y en a qu'vne qui porte la vertu du Cœur & vne autre celle du Foye : Autrement il n'y auroit point de lieu déterminé pour receuoir leur influence & tous les Doigts de la Main qui ont des veines & des arteres la receuroient également, ce qui eſt contre l'experience.

Auſſi à vray dire tous ces vaiſſeaux ne ſont que des canaux & des conduits qui ne peuuent, non plus que ceux des fontaines, donner le mouuement aux humeurs. Mais ce ſont les Eſprits ſeuls qui les portent & les entraiſnent aux lieux où ils ont ordre d'aller; Et comme le conſentement que les membres ont les vns auec les autres s'entretient par le moyen de ces Eſprits, il ne faut pas douter que le ſang auec lequel ils ſont meſlez, n'aille comme eux d'vne partie à l'autre & ne faſſe en ſuite cette admirable harmonie des veines que Hippocrate a remarquée.

Car c'eſt là ſans doute le fondement ſur lequel luy & les anciens maiſtres de la Medecine

decine ont obſerué dans vn meſme membre des veines qui auoient correſpondance auec diuerſes parties ; cõme dans le Bras la Cephalique, l'Hepatique, la Splenetique, qu'ils ont toûjours regulieremẽt ouuertes dans les maladies particulieres de ces parties, ne s'arreſtant pas aux foibles raiſons que l'inſpection des Corps & l'amour de la nouueauté ont depuis authoriſées.

ET certainemẽt ſi l'on n'a recours à cette direction des Eſprits, on ne ſçauroit iamais rẽdre raiſon de la Rectitude que la Nature garde dãs ſes mouuemens quand elle en eſt

Art. 18. *D'où viẽt la rectitude que la nature garde dans ſes éuacuations.*

absolument la maistresse, & que la Medecine imite dans les éuacuations qu'elle ordonne. Car quand dans les inflammations du Foye l'Oreille droite deuient rouge; qu'il vient des vlceres à la Main & au Pied droit; que le sang sort de la narine du mesme costé; ou qu'il se fait abscez à l'Oreille droite: Et qu'au contraire tous les mesmes accidens arriuent au costé gauche dans les inflammations de la Rate. Quand dis-je la Medecine commande de faire les saignées du mesme costé qu'est la maladie; Et qu'elle nous enseigne que toutes les éuacuations qui se font au costé opposite sont perilleuses si elles se font d'elles-mesmes ou inutiles si elles se font par l'art. Quelle autre raison de cette regularité pourroit satisfaire l'esprit que celle que nous auons apportée? Car ce que l'on dit des Fibres droites qui entrent dans la composition des vaisseaux, par lesquelles on veut que les humeurs soient attirées, est tout à fait impertinent: veu qu'elles sont incapables de faire cette attraction côme nous auons demôstré ailleurs; Qu'elles se trouuent également en tous les costez du vaisseau & par consequent ne peuuent determiner le mouuement des humeurs à l'vn pluſtoſt qu'à l'autre ; Qu'il n'y a pas touſiours des fibres pour fauoriſer cette Rectitude, puiſque de la Rate à la Narine gauche, il n'y en peut auoir aucune, les veines du Nez procedant de la veine Caue auec laquelle la Rate n'a aucune liaiſon ; Et qu'enfin les humeurs qui ſe trouuent hors des vaiſſeaux, les vapeurs meſmes & les qualitez toutes ſimples ſe communiquent d'vne partie à l'autre de la meſme façon, ſans qu'il y ait de fibres qui agiſſent en ces rencontres, & qui, s'il y en auoit, ſeroient inutiles au tranſport des vapeurs & des qualitez.

De dire auſſi que cela ſe faſſe par des conduits ſecrets qui ſe trouuent dans les chairs & qui vont de bas en haut, ſans que ceux qui ſont d'vn coſté ayent communication auec ceux de l'autre : C'eſt vne pure imagination qui n'a aucune vray-ſemblance; puiſque c'eſt le plus ſouuent par les veines que ces éuacuations ſe font ; Et qu'il faudroit que les humeurs qui coulent par ces conduits ſecrets entraſſent dans les veines où il n'y a pourtant point de paſſages ; il faudroit qu'il ſe trouuaſt encore des conduits qui allaſſent de trauers, puiſque les humeurs vont tantoſt du coſté droit au au gauche, tantost du deuant au derriere & le plus souuent du centre à la circonference. Apres tout dans l'vne ou l'autre de ces opinions on ne void pas pourquoy il y a tant de peril quand la Rectitude n'est pas gardée dans les éuacuations des humeurs.

Mais supposé qu'elles se fassent par la direction des esprits, il est aysé de iuger qu'il faut que la Nature soit fort oppressée quand elle ne garde pas l'ordre qui luy a esté prescript & quand elle s'égare de son chemin ordinaire pour fuir l'ennemy qui la presse: Car c'est la mesme raison pour laquelle les mouuemens que elle fait dans les fiévres aiguës en des iours pairs, sont toûjours dangereux ; parce que c'est vne marque de la violence qu'elle souffre & du desordre où la grandeur du mal l'a fait tomber qui luy fait oublier les iours impairs dans lesquels elle doit attaquer la bile qui est la cause de ces maladies.

Quoy qu'il en soit la Rectitude dont nous parlons vient infailliblement des Esprits qui conduisent les humeurs dans l'estenduë d'vne moitié du corps sans les porter à l'autre, s'il n'y a quelque grand empeschement. Car la Nature a tant de soing de la

conſeruation des choſes viuantes & animées, qu'elle les a
preſque toutes diuiſées en
deux moitiés ; afin que s'il
arriuoit que l'vne ſouffrit
quelque alteration, l'autre s'en
peuſt garantir , & conſeruer
ainſi en elle la nature du tout.
Or cette diuiſion eſt reelle &
manifeſte en quelques ſujets ,
comme dans les graines & ſe-
mences des plantes qui ſont
toutes cõpoſées de deux portions leſquelles ſe peuuent ſeparer; Et dans tous les mẽbres
de l'animal qui ſont doubles.
En d'autres elle eſt obſcure &
ne paroiſt pas dans vne ſepa-
ratiõ actuelle des parties, mais
ſeulement dans les operations
qui

qui monſtrent qu'elles ont chacune leur iuriſdiction diſtincte & leurs intereſts differens, comme eſt celle dont nous parlons qui diſtingue tout le corps en deux moitiez dont l'vne eſt à droit, & l'autre à gauche : Telle encore eſt celle qui ſe trouue dans les membres qui ſont vniques, comme le Cerueau, la Langue, le Nez &c. où nous voyons ſouuent vne moitié qui eſt attaquée du mal, & l'autre qui en eſt exempte, quoy qu'il n'y ait aucune ſeparation entr'elles.

S'il eſt donc vray que la Nature pour conſeruer vne moitié du Corps charge l'autre de tout le désordre qui luy arriue & empesche que les humeurs qui la trauaillent ne sortent point hors de ses bornes pour se ietter sur l'autre; il ne faut pas douter que les Esprits qui sont ses premiers & ses principaux organes ne la seruent en cette entreprise & que ce ne soit eux qui portent les humeurs d'vn endroit à l'autre dans l'estenduë qu'elle leur prescript. Que s'il arriue que pour faire ce transport il faille se seruir des veines qui sont de l'autre costé, ils n'oublient pas pour cela le dessein de la Nature ny les ordres qu'ils en ont receus, & ne font que passer s'il faut ainsi dire, sur les limites de leurs voisins pour arriuer au lieu où ils doiuent aborder. Ainsi quand pour décharger la Rate des humeurs qui l'incommodent, il suruient vn saignement de nez par la narine gauche, il faut de necessité qu'elles passent des veines de la Rate dans la veine Caue qui est du costé droit : Mais les Esprits les sçauent conduire de telle sorte qu'à la fin elles retournent sur la mesme ligne & dans cette moitié du Corps où la Rate se trouue. Mais c'est entrer trop auant dans les secrets de la Medecine; Il suffit de dire que la communication que les veines ont les vnes auec les autres dans cette ingenieuſe diſtribution qu'Hippocrate en a faite, procede des Eſprits qui portent les humeurs de l'vne à l'autre ſelon le rapport & le conſentement que les parties ont enſemble, ou ſelon la Rectitude qu'elles gardent entr'elles.

Art. 19. *Que les aſtres dominent dans les diuerſes parties de la Main.*

POVR retourner à la ſympathie que les membres interieurs ont auec les diuerſes parties de la Main; Ie croy que les raiſons que nous auons apportées pour la ſouſtenir, ſi elles ne conuainquent tout à fait les plus opiniaſtres, laiſſeront du moins dans leur eſprit de grands ſoupçons de la verité. Et ie ne doute point que la Chiromance n'en doiue estre satisfaite, puisque luy ayant esté inconnuës iusques icy, elles establissent le principal de ses fondemens ; Et qu'il luy sera facile apres d'y appuyer les maximes de l'Astrologie qui luy doiuẽt fournir la pluspart de ses regles & seruir de caution à ses plus grandes promesses.

En effet s'il est vray que les parties interieures soient gouuernées par les Planetes, & qu'elles reçoiuẽt de ces Astres quelque influence particuliere comme l'Astrologie enseigne ; Il faut de necessité qu'auec la vertu que ces parties enuoyent à la Main, celle que les Planetes leur communiquent y soit aussi portée; Et qu'au mesme doigt où le Cœur par exemple influë sa vertu, la Planete qui a la direction du Cœur y fasse aussi couler la sienne; n'estant pas vray-semblable que celle-cy s'arreste au Cœur pendãt qu'il fait part à la Main de celle qui luy est propre & naturelle: Puisque supposé la verité des influences celestes, on doit dire que de ces deux vertus il ne s'en fait qu'vne qui est l'vnique disposition essentielle & la proprieté specifique de chaque partie. Or est-il que c'est vne conclusion de l'Astrologie prouuée par ses principes & par ses obseruations, Que le Foye est gouuerné par Iupiter, la Rate par Saturne, le Cœur par le Soleil & ainsi des autres; Il faut donc que le premier Doigt soit aussi gouuerné par Iupiter, le second par Saturne, le troisiéme par le Soleil &c. puisque ces parties principales ont sympathie & consentement auec ces doigts & qu'elles leur communiquẽt la vertu qu'elles ont. Ainsi il ne faut plus s'estonner de ce que la Chiromance a changé l'ordre des Planetes dans la Main; ny demander pourquoy elle a plustost placé Iupiter au premier Doigt, & le Soleil au troisiéme, qu'en vn autre endroit, parce que la Nature du Cœur & du Foye; Et la sympathie qu'ils ont auec ces doigts luy ont marqué ces lieux comme les maisons particulieres que ces Planettes ont dans la Main, ainsi qu'elles en ont dans les Cieux qui leur sont affectées.

Toute la difficulté se reduit donc à ce point de sçauoir si veritablement ces Astres gouuernent les principales parties du Corps & s'ils leur communiquent quelque vertu secrete qui soit cause de la bonne ou mauuaise disposition que elles ont.

Mais de vouloir porter cette

te Queſtion iuſques où elle pourroit aller, & en examiner toutes les ſuites & les circonſtances auec la ſeuerité que la Philoſophie apporte en ces matieres ; Outre que ce ſeroit mettre en compromis les veritez que l'Aſtrologie met au rang des choſes iugées & que ſes plus opiniaſtres ennemis ſont contraintes d'aduoüer pour la plus grande part. Cela demanderoit vn diſcours qui paſſeroit les bornes de noſtre deſſein, & choqueroit meſme la methode auec laquelle toutes les ſciences veulent eſtre traitées. Car elle ne veut pas qu'on entre en doute ny en conteſtation de toutes les choses qui s'y rencontrent; Elle deffend particulierement de mettre à la censure les Principes sur lesquels elles sont establies & fait passer ceux qui sont pris des conclusions des sciences superieures quelques douteux qu'ils soient, auec le mesme priuilege que peuuent auoir les maximes & les notiõs communes des Mathematiques. C'est assez pour la Chiromance que la Physique soustienne ses premiers fondemens; tout ce qu'elle reçoit apres de l'Astrologie luy doit estre alloüé, ou du moins estre mis en sursceance iusques à ce qu'on examine le fonds de l'Astrologie mesme.

POVR ne laiſſer pas neant-moins le ſoupçon que les concluſions que celle-cy luy donne pour Principes, ſoient tout à fait imaginaires & contraires à la verité ; Il faut faire voir par quelques obſeruations qui ne puiſſent eſtre conteſtées, Qu'il y a des parties du corps qui ſont ſous la direction particuliere de quelques Planetes,

Art. 20. Que les Aſtres gouuernẽt les parties interieures.

Cela ne ſera pas mal-aiſé pour quelques-vnes; Et quoy qu'en reietant les experiences que l'Aſtrologie nous pourroit fournir ſur ce ſujet, nous n'en ayons pas aſſez d'autres pour faire la preuue entiere de cette verité ; Les premieres seruiront de preiugé pour le reste, & laisseront vne coniecture bien fondée pour croire que chaque membre est gouuerné par vn de ces Astres & que le Principe que l'Astrologie en a fait pour la Chiromance, n'est pas mal estably.

Art. 21. *Que la Lune domine sur le Cerueau.*

COmmençons donc par le Cerueau. On ne sçauroit contester que la Lune n'ait vn secret empire sur luy & qu'elle ne luy fasse sentir son pouuoir plus manifestement qu'elle ne fait aux autres: Car il s'enfle & s'abbaisse, s'augmente & se diminuë selon que cét Astre est en son croissant ou en son declin. C'est pourquoy la Medecine qui n'ignore pas ces changemens, a soing que le Trepan qu'elle ordonne soit conduit auec plus de précaution dans la pleine Lune ; parce qu'elle sçait qu'alors le Cerueau est aussi dans son plein, & qu'en faisant approcher plus prés de l'os, les membranes qui l'enuironnent, il les expose au peril d'estre plus facilement touchées par l'instrument. Mais les maladies de cette partie qui ont leurs accez & leurs reprises selon le cours de la Lune, monstrent éuidemment la liaison & la sympathie qui est entr'elles. Car il y en a qui ſuiuent ſi regulierement ſes mouuemens qu'elles en peuuent eſtre les Ephemerides; Et bien qu'elle ſoit ſous l'horizon, bien que les malades taſchent par tous moyens de ſe mettre à couuert de ſes influences, tout cela n'empeſche pas que le débordement d'vne fluxion qui vient à point nommé dans le changement de ſes quartiers, ne les faſſe ſentir, ſans les voir dans les Cieux ny dans les Almanachs.

Les aſſauts de l'epilepſie ne ſuiuent-ils pas pour l'ordinaire les mouuemens de cette Planete? N'y a-t'il pas des eſpeces de folie qu'on appelle lunatiques? Et les cheuaux mesme n'ont-ils pas des maladies de teste qui portent ce nom là, parce que les vnes & les autres suiuent le mouuement de la Lune ? Enfin ne sçait-on pas que les raiz de cét Astre causent des fluxions opiniastres, & font perdre la couleur du visage si on y est long-temps exposé principalement durant le sommeil. Or tous ces effets ne se peuuent rapporter qu'aux Influences, parce qu'ils suruiennent souuent quand elle est cachée sous la terre, & qu'en cét estat sa lumiere ny la vertu magnetique qu'on luy donne, ne peuuent agir sur nous. Aussi ne doute-t'on plus de la verité de ces qualitez ſecretes, apres les obſeruations qu'on a faites d'vne infinité d'effets qu'elles produiſent; Et entr'autres du flus de la mer, qui ſans conteſtation ſuit le mouuement de la Lune, commençant toûjours quand elle ſe leue ſur noſtre horizon ou ſur celuy de nos Antipodes, & ſe trouuant en ſa plus grande force quand elle a atteint leur Meridien ou le noſtre. Car ſi l'on peut demonſtrer, comme il nous ſeroit facile de le faire ſi ce lieu pouuoit ſouffrir la longueur du diſcours qu'il y faudroit employer, ſi diſ-je on peut demonſtrer que le flux ne peut proceder ny du mouue-

ment

ment de la terre, ny de la lumiere des Astres, ny d'aucune vertu magnetique, ny par l'impulsiō de la Lune, ny par la Rarefactiō que la chaleur fasse dans l'eau, il ne reste plus que les Influēces qui puissent estre cause de cét admirable mouuement; & qui sans doute le sont aussi de tous les accidens que nous venons de marquer.

QVE si on les reconnoist dans cét Astre, & si c'est par elles qu'il a la direction d'vne des principales parties du Corps; On ne sçauroit douter que le Soleil qui est le Roy & comme le Pere de toutes les autres Planetes,

Art. 22. Que le Soleil gouuerne le Cœur.

n'en ait encore de plus puissantes, Et que luy qui concourt à la generation de toutes choses, ne se soit reserué la premiere & la plus noble partie des animaux, pour en auoir la conduite & pour luy communiquer ses vertus. Ouy sans doute il a choisi le Cœur pour son throsne & pour le lieu de son exaltation; Il est là comme dans le Ciel au milieu de tous les Astres, ie veux dire de tous les membres du Corps qui sont gouuernez par les Planetes : De là il influë sa vertu à toutes les parties du petit monde; Et si dans son cours il vient à souffrir quelque aspect malin, ce membre s'en ressent & compatist aux desordres de son souuerain. En effet on a obserué que ceux qui sont malades souffrent vne foiblesse extraordinaire dans les ecclipses du Soleil, & que mesme ceux qui sont d'vne complexion delicate ressentent sensiblement en eux l'effet de cette constellation. D'ailleurs la faculté vitale deuient si languissante dans les solstices & dans les équinoxes, & lors que de malignes estoiles se leuent auec luy, qu'Hippocrate a deffendu de se seruir alors d'aucun grand remede, que dix iours ne soient écoulez. Mais il ne faut pas oublier icy vne obseruation que cét homme incomparable a couchée dans son liure des Songes, qui monstrera non seulement la sympathie qui est entre le Cœur & le Soleil, mais encore celle que la Lune & les Estoiles ont auec les autres parties. Car apres auoir supposé que le Soleil a rapport auec le milieu du corps, la Lune auec les cauitez qui y sont & les estoiles auec les parties exterieures; il dit que si ces Astres paroissent en songe auec la pureté & la regularité de mouuement qui leur sont naturelles, c'est vne marque de parfaite santé, & qu'il n'y a rien dans le Corps qui ne suiue l'ordre & la regle que la Nature demande. Mais que si l'on en void quelqu'vn qui s'obscurcisse, qui disparoisse, ou qui soit arresté dans son cours, c'est vn signe de maladie à venir dans les parties qui répondent à chacun d'eux. Car si ces desordres arriuent aux Estoiles, la maladie se fera dans l'habitude du Corps ; si c'est à la Lune, dans les cauitez ; mais si c'est au Soleil, elle en sera plus forte & plus difficile à guerir comme celle qui attaque le principe de la vie. Le milieu dont il parle ne se pouuant entendre que des parties vitales qui comprennent le cœur & les parties qui l'enuironnent.

Or si cela est veritable comme la raison & l'experience l'ont depuis si souuent confirmé, il faut conclurre de là que puisque l'imagination forme dans ses songes toutes ces images du Soleil pour se representer la bonne ou mauuaise disposition du Cœur, il est necessaire qu'elle ait quelque fondement pour ioindre deux choses qui sont si differentes entr'elles, & qu'elle trouue dans cette partie des qualitez solaires qui puissent seruir de modelle aux figures & aux portraits qu'elle fait de cét Astre: En vn mot il faut que les Influences particulieres que le Cœur reçoit du Soleil soient les originaux sur lesquels l'ame fait en dormant toutes ces admirables copies. Autrement pourquoy ne les feroit-elle pas pour quelque autre membre ? Et pourquoy dans l'inflammation du Foye, par exemple, où la chaleur est alors plus grande qu'elle n'est au reste du Corps, ne se representeroit-elle pas cét Astre qui est la source de toute la chaleur du monde, aussi bien que elle fait dans les moindres alterations du Cœur? Certainement il y a dans cette partie des vertus si estranges & si cachées, qu'il est impossible de les rapporter aux élemens.

Car qu'il resiste souuent aux flammes sans s'y pouuoir consumer; qu'il ne se puisse amollir eñ boüillant si on n'en oste les oreilles; que de certains poissons ne se puissent cuire si on le laisse dans leur Corps; ce sont des effets qui luy sont si particuliers, & dont il est si difficile de rendre raison par les qualitez manifestes, qu'il y a lieu de presumer que celles qu'il a, sont d'vn plus haut ordre & ont rapport comme dit Aristote à l'Elemẽt des Astres.

Or si l'influẽce que le Cœur reçoit du Soleil est cause que les songes representent par les images de cette Planete, les diuerses dispositions où le Cœur se trouue, il faut qu'il en soit de mesme pour la Lune & pour les Estoiles à l'égard des cauitez du Corps & des parties exterieures. Et c'est de là sans doute que l'Astrologie a mis sous la direction de la Lune le Cerueau, l'Estomach, les Intestins, la Vessie, & la Matrice qui sont les plus considerables cauitez du Corps; Mais encore qu'elle ait partagé les parties exterieures à tous les signes du Zodiaque, s'estant premierement fondée sur cette doctrine d'Hippocrate, à laquelle elle a depuis adiousté ses propres experiences,

Art. 23. Que les autres Planetes gouuernẽt les autres parties interieures.

APRES ces raisons il ne faut pas douter que les autres Planetes n'ayent aussi leurs influences particulieres & qu'elles ne gouuernent comme celles-là certaines parties du corps: Mais la Philosophie a eu si peu de soing d'en faire les obseruatiõs que hors celles que l'Astrologie nous fournit, nous n'en auons aucune qui puisse marquer la direction que Iupiter a sur le Foye, celle de Saturne sur la Rate, &c. si l'on ne vouloit mettre en ce rang les taches & les signs qui se trouuent naturellement imprimez sur ces parties. Car l'on asseure que celuy à la naissance duquel Saturne domine, a ordinairement vne de ces marques sur la region de la Rate ; si c'est Iupiter, il l'a sur celle du Foye ; si c'est Venus, elle paroist sur les parties secretes, & en a vne autre entre les deux sourcils. C'est pourquoy Dares Phrygius dans le pourtrait qu'il a fait de la belle Helene dit qu'elle en auoit vne entre les sourcils, que Cornelius Nepos a exprimée en ces deux beaux vers.

Sola supercilijs nubes interflua raris
Audaci maculâ tenues discriminat artus.

Mais ie n'estime pas ces obseruations assez iustes ny assez confirmées par l'experience pour en tirer vne preuue certaine de ce que nous pretendons. Il suffit de dire que iusques à ce que l'on en ait fait vne plus exacte recherche, le Soleil & la Lune qui sans difficulté commandent au cœur & au Cerueau, nous seruent de preiugé pour croire que les autres Planetes ont vn empire sur les membres que l'Astrologie leur a soumis : Et par consequẽt nous pouuons conclure que le Principe qu'elle a donné à la Chiromance n'est pas sans fondement & qu'il peut soustenir vne grande partie des promesses qu'elle fait.

CE sont là les raisons sur lesquelles i'ay creu que l'establissement s'en pouuoit faire ; Elles pourront encore seruir à regler beaucoup de choses dont on n'est pas bien d'accord dans la pratique de cét Art ; A marquer les causes de plusieurs effets qui s'y trouuent ; Et si ie ne me trompe ; elles prepareront l'esprit à croire que la Metoposcopie ne manque pas non plus que celle-cy de fondemens pour s'eriger en Art, & pour soustenir la verité de ses maximes. Car si les parties no-

Art. 24. *Que les principes establis reglēt beaucoup de choses douteuses dās la Chiromance.*

bles ont vne si grande liaison auec la Main, elles la doiuent vray-semblablement auoir plus grande auec le visage qui est l'abregé de tout le Corps, le siege des sens, & le miroir de l'ame. Et si les vertus ne se confondent point cõme nous auõs monstré, chacune y aura cõme dãs la Main, son lieu propre & affecté; celle du Cœur sera receuë en vn endroit, celle du Foye en vn autre, & ainsi du reste; Et par consequent les mesmes Planetes qui commandent à ces parties gouuerneront les mesmes lieux, & y laisseront des marques des bõnes & mauuaises influences qu'ils auront fait couler dans les principaux membres du corps. Mais vne matiere si curieuse & si peu soigneusement examinée demande vn discours particulier aussi bien que celle-cy, & a besoin comme elle de nouuelles obseruations pour en confirmer la verité. Peut-estre que i'auray quelque iour le temps de vous communiquer celles que i'ay faites, & de vous faire voir que s'il est vray que tout Hõme paroisse dans le visage, on peut dire que l'Homme n'a point esté bien connu, puisqu'on n'a point connu les merueilles qui sont dans son visage. Reprenant donc le fil du discours precedent ie disois que les raiſons que nous auõs apportées, reglent beaucoup de choſes qui ſont douteuſes dans la pratique de cét Art. Car il y en a qui tiennent qu'il ne faut pas s'arreſter à l'inſpection des Mains, & que celle des Pieds eſt auſſi neceſſaire; que la Main gauche doit eſtre plus conſiderée aux femmes & à ceux qui naiſſent de nuit, & la droite aux hommes & à ceux qui ſont nez de iour. Mais l'auantage que les Mains ont par deſſus les Pieds monſtre clairement que l'inſpectiõ de ceux-cy eſt inutile & que l'on peut voir aux Mains tout ce que l'on doit attendre de cette ſorte de connoiſſance;

D'ailleurs

D'ailleurs la Main Droite estāt plus noble que la gauche en quelque sexe que ce soit & en quelque temps que l'on naisse, doit estre plus considerée que celle-cy, principalement en ce qui regarde le Cœur, le Foye & le Cerueau qui ont plus de communication auec elle : Mais la Gauche l'emporte par dessus elle pour ce qui concerne la Rate & les autres parties qui sont du mesme costé, à cause du pouuoir que la Rectitude a en ces rencontres. Enfin ce que nous auons dit de la longeur, largeur & profondeur fournit les causes de la diuersité qui se trouue dans les lignes : Car celles qui ſont ſimples monſtrent que la vertu eſt foible, la longueur eſtant le premier eſſay qu'elle fait; Celles qui ſont croiſées font voir qu'elle eſt plus forte s'eſtant eſtenduë dans la largeur; & qu'elle a fait ſon dernier effort dans celles qui ſont profondes.

Mais ie ne m'aduiſe pas que i'entre inſenſiblement dans le détail des choſes que i'auois fait deſſein d'éuiter: Ie crains meſme de m'eſtre trop expliqué dans les generales & que ie ne faſſe croire par la certitude que i'y trouue, que i'ay la meſme creance pour les particulieres. Ie ſuis pourtant bien esloigné de cette pensée. Ie iette à la verité les fondemens d'vne ſcience qui me ſemblent aſſez ſolides, mais ie ne trouue point de materiaux pour en acheuer le baſtiment. Car la plus grande part des regles & des preceptes dont on en a voulu faire la ſtructure, ne ſont pas bien eſtablis; Les experiences qui les ſouſtiennent ne ſont pas biẽ verifiées; Et il faudroit vne nouuelle prouiſion d'obſeruations faites auec la iuſteſſe & l'exactitude qui ſont neceſſaires, pour luy donner la forme & la ſolidité que l'art & la ſcience demandẽt. Mais de qui les pourroit-on attendre, puiſque ceux qui les pourroient faire ne s'y voudroient pas employer? Et quand les pourroit-on attendre, puisqu'il y en a tant à faire, & qu'il y a tant de difficultez à les bien faire?

S'il s'en trouuoit pourtant qui s'y voulussent occuper & qui ne desesperassent pas de pouuoir fournir à la dépense d'vn si grand édifice, ils vous auroient à mon aduis obligation de m'auoir engagé à soustenir leur ouurage & à leur marquer le fonds sur lequel ils peuuent trauailler. Mais si i'ose vous le dire, vous m'en auez aussi quelqu'vne; car si vous considerez mes employs & mes estudes ordinaires, vous verrez biẽ que ie m'en suis fort esloigné pour suiure vos inclinations; Et que ie ne pouuois vous donner vne preuue plus asseurée de l'amitié que i'ay pour vous, qu'en m'exposant à la censure pour satisfaire à vostre curiosité. Ie ne dois pas apprehender la vostre, parce que ie sçay qu'elle me sera fauorable; mais ie crains celle du public de qui il ne faut iamais attendre de grace & dont les iugemens sont toûjours tres-seueres & quelquefois iniustes. Ne me faites donc pas comparoistre deuant ce rude Tribunal, si vous n'estes bien asseuré que ie puisse éuiter la peine des Escriuains temeraires; Et ne hazardez pas ſans grande precaution vn peu d'eſtime que le bon-heur m'a fait acquerir, & à la conſerua-tion de laquelle vous deuez à mon aduis vous intereſſer, puiſque vous ſçauez que ie ſuis,

MONSIEVR,

De Paris ce 1. Ianuier 1653.

Voſtre tres-humble,
& tres-affectionné
ſeruiteur,

LA CHAMBRE.

Fautes suruenuës en l'Impression.

P*Age 33. ligne 2. plus noble, mettez apres vne virgule.*

Page 78. lig. 11. saluatele, lisez saluatelle.

Page 80. lig. 4. venez, lisez venus.

Page 98. lig. 18. les Reims, lisez le Rein gauche.

Page 105. lig. 5. l'hepathique, lisez l'hepatique.

Page 112. lig. 6. s'en peust garantir, lisez peust s'en garantir.

Page 143. ligne 14. Homme, lisez l'Homme.

www.ingramcontent.com/pod-product-compliance
Ingram Content Group UK Ltd.
Pitfield, Milton Keynes, MK11 3LW, UK
UKHW021055200726
13857UKWH00003B/930

9 782013 082464